LA DANZA DE GUERRA E INTERCESION

THE WORKBOOK

Volumen I

INCLUYE GUIA PRACTICA DE AUTO LIBERACION Y SANIDAD INTERIOR

DELKI ROSSO

VOLUMEN I

Autora: Delki Rosso
Diseño de portada: Julio Andrés Rosario Ortiz
Editoras: Raquel Jiménez de Fumero, Anna Jiménez
Correctora de Estilo: Anna Jiménez

INTRODUCCION

Satanás se ha encargado de distorsionar la adoración, incluyendo las Artes, así que nuestro compromiso como hijos de Dios consiste en arrebatar y restaurar la verdadera exaltación al Altísimo, para traer sanidad, liberación y restauración al pueblo de Dios.

"Arte", esta palabra originalmente se aplicaba a toda producción realizada por el hombre y a las disciplinas del saber hacer. Así, un artista, era tanto el cocinero, el jardinero o el constructor, como el pintor o el poeta. Con el tiempo la derivación latina (ars -> arte) se utilizó para designar a las disciplinas relacionadas con el Arte de lo estético y lo "emotivo". Cuando hablamos de arte cristiano nos referimos a toda creación inspirada por Dios para expresar un conocimiento o palabra, que Dios quiere traer a sus hijos. Muchos consideran las prácticas de las Artes como algo mundano y que nada tienen que ver con la inspiración o la revelación divina, pero en mi experiencia y a lo que he estudiado en la Biblia, las Artes son herramientas que Dios usa para revelarse a su pueblo.

La Iglesia le ha permitido durante demasiado tiempo al mundo usar las Artes para su ventaja, dejando que nuestros jóvenes, adultos y niños sean bombardeados constantemente por ellas y atraídos a las drogas, a la prostitución, el adulterio y a un sinnúmero de pecados.

En el Antiguo Testamento, Dios, a través de Moisés, especificó la importancia de levantar a los artistas entre los demás mensajeros de su pueblo. La Biblia dice que Dios bendijo al pueblo en la construcción del santuario, al resaltar una unción artística en Bezaleel: *"Y dijo Moisés a los hijos de Israel: Mirad, Jehová ha nombrado a Bezaleel hijo de Uri, hijo de Hur, de la tribu de Judá; y lo ha llenado del Espíritu de Dios, en sabiduría, en inteligencia, en ciencia y en todo arte, para proyectar diseños, para trabajar en oro, en plata y en bronce, y en la talla de piedras de engaste, y en obra de madera, para trabajar en toda labor ingeniosa. Y ha puesto en su corazón el que pueda enseñar, así él como Aholiab hijo de Ahisamac, de la tribu de Dan; y los ha llenado de sabiduría de corazón, para que hagan toda obra de arte y de invención, y de bordado en azul, en púrpura, en carmesí, en lino fino y en telar, para que hagan toda labor, e inventen todo diseño"* (Ex. 35:30-35).

El capítulo 36:1 especifica: *"Sí, pues, Bezaleel y Aholiab, y todo hombre sabio de corazón a quien Jehová dio sabiduría e inteligencia para saber hacer toda la obra del servicio del santuario, harán todas las cosas que ha mandado Jehová"*. Vale la pena resaltar que es la primera vez que en la Biblia se menciona que alguien estaba lleno del Espíritu Santo.

I - EL TABERNACULO DE HOY

"Entonces el SEÑOR dijo a Moisés: Ve a Faraón y dile: "Así dice el SEÑOR: "Deja ir a mi pueblo para que ME SIRVA." Éxodo 8:1

Aquí vemos la función de Moisés entre otros profetas, los cuales eran usados para llevar un mensaje de parte de Dios. Desde esos tiempos nació el ministerio profético. En Génesis, Dios hablaba a sus hijos directamente, pero por causa del pecado en el Edén perdidos esa comunión, cuál era el propósito original.

Los profetas del Antiguo testamento:

- No tenían Biblia
- Llegaban para traer dirección, disciplina y Juicio (negativo o positivo)
- Muchos caminaban solos
- La gente le temían
- La gente no quería conectarse con ellos
- Hacían locuras con sus actos proféticos
- Dios le pedía hacer cosas locas y todo para comunicarle un mensaje
- El llamado profético no solo era en palabras, sino que podían ser usados por otros medios que no es solo la voz sino también escribiendo, actuando, cantando, viendo, escribiendo, danzando, etc.

Ahora no tenemos que ser profetas para escuchar de Dios, porque tenemos al Espíritu Santo, quien nos ha dada acceso por medio de la sangre de Cristo.

"Por tanto, hermanos, ahora podemos entrar sin ningún temor en el santuario por medio de la sangre de Jesucristo, siguiendo el camino nuevo, el camino de vida que él nos abrió a través del velo, es decir, a través de su propio cuerpo". **Hebreos 10:19**

"Pero ahora en Cristo Jesús, vosotros, que en otro tiempo estabais lejos, habéis sido acercados por la sangre de Cristo". **Efesios 2:13**

"Pero cuando Cristo apareció {como} sumo sacerdote de los bienes futuros, a través de un mayor y más perfecto tabernáculo, no hecho con manos, es decir, no de esta creación, y no por medio de la sangre de machos cabríos y de becerros, sino por medio de su propia sangre, entró al Lugar Santísimo una vez para siempre, habiendo obtenido redención eterna.

Porque si la sangre de los machos cabríos y de los toros, y la ceniza de la becerra rociada sobre los que se han contaminado, santifican para la purificación de la carne. ¿Cuánto más la sangre de Cristo, el cual por el Espíritu eterno se ofreció a sí mismo sin mancha a Dios, purificará vuestra conciencia de obras muertas para servir al Dios vivo? Y por eso Él es el mediador de un nuevo pacto, a fin de que habiendo tenido lugar una muerte para la redención de las transgresiones {que se cometieron} bajo el primer pacto, los que han sido llamados reciban la promesa de la herencia eterna". **Hebreos 9:11-15**

"Porque esto es mi sangre del nuevo pacto, que es derramada por muchos para el perdón de los pecados". **Mateo 26:28**

Nosotros somos el Tabernáculo de hoy

"Haz una cortina de púrpura, carmesí, escarlata y lino fino, con querubines artísticamente bordados en ella". **Éxodo 26:31**

"La cortina la hicieron de lana púrpura, carmesí y escarlata, y de lino fino, con querubines artísticamente bordados en ella". **Éxodo 36:35**

" En ese momento la cortina del santuario del templo se rasgó en dos, de arriba abajo. La tierra tembló y se partieron las rocas". **Mateo 27:51**

"Todo sacerdote celebra el culto día tras día ofreciendo repetidas veces los mismos sacrificios, que nunca pueden quitar los pecados. Pero este sacerdote, después de ofrecer por los pecados un solo sacrificio para siempre, se sentó a la derecha de Dios, en espera de que sus enemigos sean puestos por estrado de sus pies. Porque con un solo sacrificio ha hecho perfectos para siempre a los que está santificando. También el Espíritu Santo nos da testimonio de ello. Primero dice: «Este es el pacto que haré con ellos después de aquel tiempo —dice el Señor—: Pondré mis leyes en su corazón, y las escribiré en su mente». Después añade: «Y nunca más me acordaré de sus pecados y maldades». Y, cuando estos han sido perdonados, ya no hace falta otro sacrificio por el pecado. Así que, hermanos, mediante la sangre de Jesús, tenemos plena libertad para entrar en el Lugar Santísimo, por el camino nuevo y vivo que él nos ha abierto a través de la cortina, es decir, a través de su cuerpo; y tenemos además un gran sacerdote al frente de la familia de Dios. Acerquémonos, pues, a Dios con corazón sincero y con la plena seguridad que da la fe, interiormente purificados de una conciencia culpable y exteriormente lavados con agua pura." **Hebreos 10:11-22**

Nosotros somos templo del Espíritu Santo

"¿No sabéis que sois templo de Dios y que el Espíritu de Dios habita en vosotros?"
1 Corintios 3:16

"¿Acaso no saben que su cuerpo es templo del Espíritu Santo, quien está en ustedes y al que han recibido de parte de Dios? Ustedes no son sus propios dueños; fueron comprados por un precio. Por tanto, honren con su cuerpo a Dios". **1 Corintios 6:19-20**

"Porque sabemos que si la tienda terrenal que es nuestra morada[a], es destruida, tenemos de Dios un edificio, una casa no hecha por manos, eterna en los cielos. Pues, en verdad, en esta morada gemimos, anhelando ser vestidos con nuestra habitación celestial". **2 Corintios 5:1-2**

"según nos escogió en El antes de la fundación del mundo, para que fuéramos[a] santos y sin mancha delante de El. En amor nos predestinó para adopción como hijos para sí mediante Jesucristo, conforme al beneplácito de su voluntad". **Efesios 1:4-5**

"¿No me vestiste de piel y de carne, y me entretejiste con huesos y tendones? Vida y misericordia me has concedido, y tu cuidado ha guardado mi espíritu". **Job 10:11-12**

"Porque nuestra ciudadanía[a] está en los cielos, de donde también ansiosamente esperamos a un Salvador, el Señor Jesucristo". **Filipenses 3:20**

"Pues por precio habéis sido comprados; por tanto, glorificad a Dios en vuestro cuerpo [a]y en vuestro espíritu, los cuales son de Dios". **1 Corintios 6:20**

Si alguno destruye el templo[a] de Dios, Dios lo destruirá a él, porque el templo[b] de Dios es santo, y eso es lo que vosotros sois". **1 Corintios 3:16**

"Conforme al propósito eterno que hizo en Cristo Jesús nuestro Señor, en quien tenemos seguridad y acceso con confianza por medio de la fe en él". **Efesios 3:11-12**

II – CUERPO, ALMA Y ESPIRITU

"Y que el mismo Dios de paz os santifique por completo; y que todo vuestro ser, espíritu, alma y cuerpo, sea preservado irreprensible para la venida de nuestro Señor Jesucristo". **1 Tesalonicenses 5:23**

El Espíritu Santo me ha estado hablando de tres fuentes de adoración, que debemos armonizar para ejecutar efectivamente una adoración de guerra y de intercesión. Me refiero al cuerpo, al alma y el espíritu.

Hay una lucha continua entre el alma, el cuerpo y el espíritu, la misma lucha que experimentan los "Artistas Cristianos", entre el entrenamiento, la pasión y la unción.
Represento esta lucha de la siguiente manera:

CUERPO
Entrenamiento

ALMA
Pasión

ESPIRITU
Unción

CUERPO

Tu exterior (piel, músculos, huesos, etc.) es un mecanismo milagroso regalado por el creador del universo, para que portes SU gloria. Tus movimientos, tu entrenamiento en el arte y tus 5 sentidos, son el canal de extender y visualizar lo que portas dentro de ti. El cuerpo nos permite exteriorizar un mensaje atreves de movimientos.

El pecado inicia en el alma pero se manifiesta en la carne.

"Digo, pues: Andad por el Espíritu y no cumpliréis el deseo de la carne. Porque el deseo de la carne es contra el Espíritu, y el del Espíritu es contra la carne, pues éstos se oponen el uno al otro, de manera que no podéis hacer lo que deseáis." – **Gálatas 5:16,17.**

"Entonces Jehová Dios formó al hombre del polvo de la tierra, y sopló en su nariz aliento de vida, y fue el hombre un ser viviente". **Genesis 2:7**

"No reine, pues, el pecado en vuestro cuerpo mortal, de modo que lo obedezcáis en sus concupiscencias; Ni tampoco presentéis vuestros miembros al pecado como instrumentos de iniquidad, sino presentaos vosotros mismos a Dios como vivos de entre los muertos, y vuestros miembros a Dios como instrumentos de justicia". **Romanos 6:12-13**

"Así que, hermanos, os ruego por las misericordias de Dios, que presentéis vuestros cuerpos en sacrificio vivo, santo, agradable a Dios, que es vuestro culto racional". **Romanos 12:1**

"Huid de la fornicación. Cualquier otro pecado que el hombre cometa, está fuera del cuerpo; más el que fornica, contra su propio cuerpo peca. ¿O ignoráis que vuestro cuerpo es templo del Espíritu Santo, el cual está en vosotros, el cual tenéis de Dios, y que no sois vuestros?"
1 Coríntios 6:18-19

ALMA

Es el lugar en tu interior donde están tus emociones, ideas, imaginación, intelecto, consciencia e inconsciencia. Es el lugar donde se deposita el carácter, la personalidad y donde inicia el pecado que nos quita la facultad de ver y oír.

"Pero vuestras iniquidades han hecho división entre vosotros y vuestro Dios, y vuestros pecados han hecho ocultar de vosotros su rostro para no oír". **Isaías 59:2**

En el alma se aloja la iniquidad que produce el pecado. Si no arrancas esta raíz, no importa cuántas ramas cortes, siempre volverán a crecer.

"Pero el fundamento de Dios está firme, teniendo este sello: Conoce el Señor a los que son suyos; y: Apártese de iniquidad todo aquel que invoca el nombre de Cristo". **2 Timoteo 2:19.**

El alma te permite sentir y amar pero también la que te limita a entrar a lugares más profundos en el mundo espiritual cuando no está completamente sana.

¿Has leído que la mucha letra mata? Del mismo modo darle prioridad a la coreografía antes que al alma, mata lo que Dios quiere decir a través de tu arte.

Un alma sana, tiene el potencial de influenciar el espíritu para que sea alimentado; pero una alma dañada, alimentara la carne.

"Jesús le dijo: Amarás al Señor tu Dios con todo tu corazón, y con toda tu alma, y con toda tu mente. Este es el primero y grande mandamiento". **Mateo 22:37-38**

"Porque según el hombre interior, me deleito en la ley de Dios; pero veo otra ley en mis miembros, que se rebela contra la ley de mi mente, y que me lleva cautivo a la ley del pecado que está en mis miembros". **Romanos 7:22-23**

" Porque el ocuparse de la carne es muerte, pero el ocuparse del Espíritu es vida y paz. Por cuanto los designios de la carne son enemistad contra Dios; porque no se sujetan a la ley de Dios, ni tampoco pueden ". **Romanos 8:6-7**

"No os conforméis a este siglo, sino transformaos por medio de la renovación de vuestro entendimiento, para que comprobéis cuál sea la buena voluntad de Dios, agradable y perfecta". **Romanos 12:2**

ESPIRITU

Tu espíritu es el único canal de conexión que tienes para entrar al mundo espiritual y disfrutar de una vida INTERIOR sobrenatural, que se expone a través de un cuerpo que va envejeciendo, pero que es fortalecido por medio de la parte espiritual, que no tiene tiempo, ni edad. No hay horas, ni días ni años en lo SOBRENATURAL. Es el mundo de lo infinito.

"El Espíritu mismo da testimonio a nuestro espíritu de que somos hijos de Dios".
Romanos 8:16

"En el espíritu es donde se aloja la verdad de nuestra identidad"
– Raquel Jiménez de Fumero

Somos seres espirituales creados por Dios y por lo tanto tenemos en común, la necesidad de ADORAR algo.

Muchos adoran el dios del dinero, otros así mismo, otros la vanidad, etc. en fin, todos tenemos algo o alguien a quien adoramos, porque es parte de nuestra naturaleza.

Cualquiera puede alabar a Dios, pero solo sus hijos pueden adorarlo, es la conexión con el padre, de espíritu a Espíritu.

Cuando tu espíritu, está alimentado de la Palabra de Dios, adora SIN LIMITACIONES.

Procuremos adorar a Dios con toda nuestra mente, con todo nuestro corazón, pero es en especial con todo nuestro espíritu.

Cuando adoramos en espíritu y en verdad, creamos una atmósfera poderosa, capaz de desatar aquí en la tierra los diseños celestiales que ya llevas dentro de ti, porque nuestro espíritu está sentado en lugares celestiales.

"Pero Dios, que es rico en misericordia, por su gran amor con que nos amó, aun estando nosotros muertos en pecados, nos dio vida juntamente con Cristo (por gracia sois salvos), y juntamente con él nos resucitó, y asimismo nos hizo sentar en los lugares celestiales con Cristo Jesús.
Efesios 2:5-6.

Esta ADORACION es necesaria porque te permite establecer el Reino de Dios para que gobierne en tu vida, en tu nación y llevar vidas a los pies de Cristo.

"Más la hora viene, y ahora es, cuando los verdaderos adoradores adorarán al Padre en espíritu y en verdad; porque también el Padre tales adoradores busca que le adoren. Dios es Espíritu; y los que le adoran, en espíritu y en verdad es necesario que adoren." – **Juan 4:23,2.**

"Pero el que se une al Señor, es un espíritu *con El*".
1 Corintios 6:17

"Dios es espíritu, y quienes lo adoran deben hacerlo en espíritu y en verdad".
Juan 4:24

La potencia del hombre se encuentra en la conexión balanceada de su alma, su cuerpo y espíritu sujetos a la verdad de la Palabra de Dios y una comunión íntima con el Padre, hijo e Espíritu Santo.

El ser humano que entrega su vida a Cristo es transferido inmediatamente del reino de las tinieblas al de la luz, obteniendo de este nuevo últimos recursos disponibles para sus ciudadanos, así como los beneficios que tú y yo obtenemos por naturalizarnos o nacer en el pais donde físicamente residimos.

Esta ciudadanía celestial nos da permiso legal en la Tierra como agentes, representantes y embajadores, cuyas funciones coinciden en ejecutar lo sobrenatural de este Reino.

Cuando dedicamos tiempo a conocer al Rey que gobierna en lo celestial, El comienza a confiarnos asignaciones. No podemos desligarnos de quien nos ha provisto estos recursos, pues inmediatamente la bendición se transforma en estéril, sumando escasez, sequedad y eventualmente la muerte.

Tu adoración tiene el potencial de marcar territorios, cambiar historias, acelerar los tiempos de Dios y despertar avivamiento. Eres un ser creado "SOBRENATURAL" y esta verdad te da entrada al cielo sin LIMITACIONES.

La palabra de Dios es la máxima autoridad que nos enseña a adorar en espíritu y en verdad, por lo tanto tu adoración debe estar basada en el conocimiento pleno de aquel a quien adoras.

Mi alma y cuerpo lo adoran desde la Tierra,
pero mi espíritu le adora desde el Cielo.

III – SIGNOS VITALES DE LA VIDA ESPIRTUAL

CUESTIONARIO

Es común, que como parte del examen de rutina, los médicos midan los signos vitales de sus pacientes y para ello es necesario registrar la presión arterial, pulso, respiraciones por minuto, etcétera.

Este cuestionario que verás a continuación, es una evaluación personal que revelará la condición de tus signos vitales espirituales.

No tendrás que entregárselo a nadie; sólo sirve para guiarte hacia una reflexión personal. Claro, podrás compartir partes o todo con tu hermano de confianza o mentor. El cuestionario no es perfecto. Tal vez, alguna pregunta no tenga que ver contigo; sólo contesta las preguntas que puedas.

Comunicación con Dios

Cuando respondas a estas preguntas, estarás tomando tu pulso espiritual. Hablar con Dios mejora los latidos de tu vida cristiana, te integra y activa al ejército de intercesores que debe levantarse en cuerpo de adoradores que le buscan en espíritu y en verdad.

¿Estás logrando un tiempo diario de oración?

a) Nada
b) Irregularmente
c) más o menos
d) frecuentemente
e) Siempre

¿Puedes percibir la voz de Dios hablando a tu vida cuando pasas tiempo orando?

a) No
b) Pocas veces
c) A veces
d) Muchas veces
e) Siempre

¿Respondes pronto a las impresiones del Espíritu Santo, para levantar oraciones espontáneas?

a) No
b) Tardo en responder
c) Más o menos
d) Frecuentemente
e) Siempre

Poder en tu Ministerio

La mayoría de los ministros se identifican con uno de las siguientes respuestas al evaluarse, con respecto de sus ministerios. ¿Cuál te ajusta más?

a) ___Realmente lo que me caracteriza es llevar a cabo un ministerio confiando en mí mismo, mis destrezas y experiencias.

b) ___Mi experiencia del diario vivir en la realidad de Cristo en mí, es la única fuente de mi ministerio.

c) ___Trato de apegarme a la realidad de que Cristo es la única fuente de mi ministerio, pero a veces fracaso.

d) ___No sé cómo contestar.

Intimidad con Dios

¿Cómo calificas el grado de tu intimidad con Dios?

a) ___ Tiempos de desierto (sequedad espiritual)

b) ___ Tiempos de oasis, pero irregularmente

c) ___ Gozándome de la amistad con Dios

Amor hacia los demás y la unidad

¿Cómo calificas tu nivel de obediencia al mandato de amar a tu prójimo? ¿Hasta qué punto crees que estás vinculado con otros miembros del cuerpo en la experiencia de edificación mutua?

a) ___ Lo experimento casi siempre

b) ___ Poco a poco lo vivo

c) ___ Anhelo, pero no lo estoy viviendo

d) ___ Otra respuesta…(Explica)

Reflejando el fruto del Espíritu

Al pensar en las características del fruto del Espíritu - amor, gozo, paz, paciencia, benignidad, bondad, fe, mansedumbre, y templanza- Pon tu nombre frente a cada una de estas y señala si es un fruto fuerte o débil en ti. Por ejemplo: Ana (Pon aquí tu nombre) es mansa. Ana (Pon aquí tu nombre) es bondadosa... Etc.

La Mente de Cristo y la Integridad

David dijo: "He aquí, tú amas la verdad en lo íntimo, y en lo secreto me has hecho comprender sabiduría." (Salmo 51:6).
¿Hasta qué punto crees que estás permitiendo que Dios vaya renovando tu mente?

¿Hay congruencia entre lo que dices y lo que haces?

La vida guiada por el Espíritu Santo

a) Obediencia - ¿Hay un paso de obediencia que Dios pide de ti, pero hasta ahora no has podido hacerlo?

b) Percibiendo lo que Dios está haciendo entre la gente. Por lo general, en las diferentes situaciones, sea en las relaciones interpersonales, o en grupos, o en la iglesia, ¿puedes percibir lo que Dios está tratando de hacer?

c) Percibiendo lo que Dios está haciendo en tu vida. ¿Puedes percibir cuándo el Espíritu Santo te está dando un empujón hacia hacer algo? Describe la última vez que sentiste uno de estos empujones del Espíritu en tu vida.

La perspectiva y la visión

a) Logrando percibir el presente a la luz de la perspectiva de toda la vida de tu ministerio. ¿Hay claridad o confusión en cuanto a lo que debes estar haciendo en tu vida y tu ministerio? (Enfocándote en un propósito definido).

b) ¿Quién verdaderamente eres?

c) ¿Cómo te describes a ti mismo?

d) Escribe una lista de las cosas que estás haciendo, de tus anhelos, de aquello en lo que piensas durante todo el día.

Léela y observa cada respuesta
¡Felicidades!
Acabas de describir hacia dónde vas.

¿Puedes percibir la mano de Dios sobre tu vida y que su mano te lleva cada vez más hacia lograr el propósito para la cual te ha llamado?

a)   No
b)   En parte
c)   Más o menos
d)   En cierta medida
e)   Absolutamente

Disciplina espiritual

Todo lo que realizas con disciplina tiene un final feliz; aquello que haces desordenadamente y solo cuando te surge el deseo de ejecutarlo, no tiene el rigor suficiente para verse depurado, con calidad y mucho menos con excelencia, por eso es tan importante que lo que hagas para Dios siga una serie de lineamientos, que activarán en ti esa conexión de la que hemos venido hablando, para cada manifestación de adoración sea una interrelación de tu espíritu con el Espíritu Santo, que te haga manifestar adoración al Padre como un estilo de vida, no porque simplemente sientas la "emoción" de realizarlo en ese momento; tienes que trabajarlo para sentirlo como parte de tu ser.

Descubriendo la Perspectiva de Dios

Disciplinas Personales o Familiares (Escoger: siempre, a veces o nunca)

a) Tener un tiempo diario para leer una porción o capítulo de la Biblia, para alimentarse espiritualmente.

Siempre   ___
A veces   ___
Nunca   ___

b) Leer toda la Biblia o todo un libro de la Biblia

Siempre   ___
A veces   ___
Nunca   ___

c) Memorizar la Biblia – Memorizas versículos, pasajes, o libros enteros de la Biblia y revisar lo que has memorizado.

Siempre ___
A veces ___
Nunca ___

d) Estudiar la Biblia – Escudriñas un libro de la Biblia (Para provecho personal y no para preparar mensajes o enseñanzas).

Siempre ___
A veces ___
Nunca ___

e) Llevar un diario – Anotas lo que Dios te está comunicando, cómo estas creciendo, lo que sueñas hacer para el reino de Dios, etc.

Siempre ___
A veces ___
Nunca ___

f) Leer libros para nutrirme – Lees libros cristianos con miras a escuchar a Dios, vinculándote con otros:

Siempre ___
A veces ___
Nunca ___

Disciplina de beneficiarse del ministerio de otros

Disciplinas Comunitarias (Escoger: siempre, a veces o nunca)

a) Tener un mentor – Reunirte intencional y periódicamente con un mentor para que él o ella te de asesoramiento, aliento y empuje.

    Siempre   ___
    A veces   ___
    Nunca   ___

b) Compañero para rendir cuentas – Reunirte intencional y periódicamente con un mentor para rendir cuentas e incentivarse en las cosas de Dios.

    Siempre   ___
    A veces   ___
    Nunca   ___

c) Participar en una célula o grupo pequeño – Reunirte semanalmente con un grupo pequeño de hermanos, a fin de que se edifiquen.

    Siempre   ___
    A veces   ___
    Nunca   ___

d) Tener momentos de apertura y transparencia con mi
cónyuge – Separar un tiempo periódicamente para
conversar, abrirnos, ser transparentes, soñar como pareja.

Siempre ___
A veces ___
Nunca ___

Manteniendo en alto la Búsqueda de Dios

Disciplinas de oración y adoración - Personales o Familiares
(Escoger - siempre, a veces o nunca)

a) ¿Tienes un tiempo de oración diaria?

Siempre ___
Aveces ___
Nunca ___

b) ¿Practicas la oración intercesora?

Siempre ___
A veces ___
Nunca ___

c) ¿Pasas tiempo a solas, para adorar a Dios?

Siempre ___
A veces ___
Nunca ___

d) ¿Tienes un retiro personal extendido en un lugar aislado – separas una mañana completa, un día o un par de días para la búsqueda de Dios y/o para renovar la visión ministerial.

Siempre ____
A veces ____
Nunca ____

e) ¿Tienes ayunos parciales o completos con miras a buscar el rostro de Dios? (1 comida, 24 horas, 3 días, etc.).

Siempre ____
A veces ____
Nunca ____

Salud y Descanso

a) ¿Cómo está tu salud física? ¿Estás haciendo regularmente ejercicio físico?

Siempre ____
A veces ____
Nunca ____

b) ¿Estás manteniendo un balance entre trabajo y descanso?

Siempre ___
A veces ___
Nunca ___

c) ¿Tomas un día de descanso semanalmente?

Siempre ___
A veces ___
Nunca ___

Historia de Enfermedades Crónicas

(Encierra en un círculo la respuesta correcta)

a) Me considero adicto al trabajo del ministerio — No puedo mantener el balance entre trabajar y renovarme o descansar.

b) Áreas de derrota — Hay cosas en mi vida que no he podido superar. No me siento libre y necesito sanidad interior.

c) Dolor del pasado — Hay algo en mi pasado que me afecta demasiado. No tengo victoria sobre ello.

Al haber completado este cuestionario...

¿Cuáles de tus respuestas son causa de celebración?

¿Cuáles de tus respuestas te preocupan?

IV. LA DANZA QUE CORTA LA UNCION

"Pero venido un día oportuno, en que Herodes, en la fiesta de su cumpleaños, daba una cena a sus príncipes y tribunos y a los principales de Galilea, entrando la hija de Herodías, danzó, y agradó a Herodes y a los que estaban con él a la mesa; y el rey dijo a la muchacha: Pídeme lo que quieras, y yo te lo daré.

Y le juró: Todo lo que me pidas te daré, hasta la mitad de mi reino. Saliendo ella, dijo a su madre: ¿Qué pediré? Y ella le dijo: La cabeza de Juan el Bautista. Entonces ella entró prontamente al rey, y pidió diciendo: Quiero que ahora mismo me des en un plato la cabeza de Juan el Bautista.

Y el rey se entristeció mucho; pero a causa del juramento, y de los que estaban con él a la mesa, no quiso desecharla. Y en seguida el rey, enviando a uno de la guardia, mandó que fuese traída la cabeza de Juan.

El guarda fue, le decapitó en la cárcel, y trajo su cabeza en un plato y la dio a la muchacha, y la muchacha la dio a su madre". **Marcos 6:21-29**

El poder de la Danza es tan grande, que hasta causo que la cabeza de unos de los más grandes profetas de la Biblia fuera entregada en una bandeja.

Yo relaciono esta historia con dos importantes ingredientes: La adoración y exaltación que mostramos a través de la danza a nuestro Rey y Señor y la demostración de lo que hay en nuestro corazón, por medio de otras demostraciones artísticas, tales como el canto, la pintura, actuación, etc.

La danza que le agrada a Dios

Cuando danzamos ante Él Señor Jesús con cuerpos santificados e ííntegros, Él se agrada de tal manera que su presencia desciende en ese lugar. La atmósfera es transformada, se activan los dones y los talentos. El empieza a repartir regalos, nos entrega llaves y muchas cosas sobrenaturales, que hemos experimentado mientras danzamos a Dios y usamos nuestro cuerpo como una herramienta que exalta Su nombre.

Al mismo tiempo lo relaciono con los danzores cristianos que aun deseando agradarle a Dios, están todavía con una lucha interior buscando aprobación del hombre mientras danza, sin darse cuenta que están siendo usados para cortar cabezas de los profetas de hoy.

Dice la palabra que Herodes tenía miedo y no quería matar a Juan el Bautista, pero en el momento que fue seducido, fue rápido para prometer y rápido para cumplir que mataran a ese hombre de Dios, a quien él no estaba supuesto a matar.

Muchas veces la gente del pueblo de Dios se convierte en instrumento del enemigo para lograr sus propósitos perversos, como lo hizo Herodías. El maligno buscará cualquier brecha para filtrarse entre nosotros mismos, con el propósito de que abortemos los sueños de Dios, creando enemistad y muerte, por eso vemos tan menudo la falta de unidad entre los ministerios e iglesias.

Permíteme relacionar mi historia de cortar la cabeza de Juan el Bautista con aquello que es TODO lo que no es la voluntad del

Padre (no edificar, no establecer el reino de Dios, crear confusión, crear desunión, envidia, discordia entre unos y otros). En fin, todo lo que no establezca el reino de Dios. En esta enseñanza, todo esto representaría lo que es "cortar la cabeza de Juan el Bautista".

La verdad es que la danza tiene muy mala fama entre las iglesias cristianas. Le he preguntado al Señor por qué si queremos agradarle, hay tanta lucha entre la mayoría de los pastores, para recibir la bendición que hay en la danza. La danza junto al ministerio de alabanza y el de intercesión es una bomba explosiva que causa que su gloria transformadora descienda y establezca el reino de Dios.

Lamentablemente la mala reputación de la danza ha sido causa de que adoradores no estén haciendo su función y sean usados para cortar la cabeza de Juan el Bautista.

Mientras lees esto, seguro estás preguntándote: ¿EN QUE MOMENTO DANZAR CORTA LA UNCION?

- Cuando la motivación de tu danza es por exhibicionismo

- Cuando te mueves bajo envidia o rencor

- Cuando finges amor y compites con los otros.

- Cuando ministras y sabes que estas en pecado. (OJO: el pecado que menos se quiere tratar o enfrentar en la danza es el homosexualismo).

☐ Cuando vives doble vida, una en la iglesia y otra fuera de ella.

☐ Cuando te estás promoviendo para que te inviten a danzar fuera de la iglesia, sin dejarte procesar o peor sin honrar la oportunidad de servir dentro de tu congregaciónn.

☐ Cuando estás compartiendo palabras o estilo de vida que realmente no estás viviendo.

☐ Cuando la motivación de tu arte se centra en ti y solo estas buscando oportunidades para expresar tu gusto de baile o música.

☐ Cuando buscas la fama antes que a Cristo.

☐ Cuando dices que vas a evangelizar con tu arte, pero no es más que una excusa para mezclar lo del mundo (lo carnal) con lo de Dios.

Entiendo que estos adoradores que se mueven en estas áreas, anhelan agradar a Dios, pero están ciegos, sordos y mudos; no pueden ver el daño que están causando a la iglesia de Cristo.

Estamos preocupados de ser tan modernos, que la mezcla que se está ofreciendo a la iglesia no es evangelio, por lo tanto, las personas no están siendo convertidas, sino convencidas.

Muchas veces lo que ves en las personas al aceptar un llamado, son lágrimas de emoción o remordimiento por su pecado, pero no de un arrepentimiento que lo lleva a una conversión real, que logras al tocar el espíritu de una persona.

Cuando danzamos y adoramos, usamos la Palabra de Dios, la Música de Dios, la Creatividad de Dios, que es lo que va a traer una conversión real a las personas. No será algo solamente hermoso, sino algo que traerá esencia de quien es el Padre, El Hijo y El Espíritu Santo a través de ese mensaje ofrecido de forma artística.

Cuando danzas con un pie en Egipto (mundo) y un pie en la tierra prometida (iglesia), eclipsas la bendición, eres de confusión.

No prostituyas lo que Dios te ha entregado por necesidades o sueños personales.

Trabaja por asignación y verás que el Señor se encargará de sobrepasar tus expectativas y hasta tus sueños personales. Entrégale por completo tus dones, tus talentos, tu llamado.

- Si Dios te llamo a pastorear a través de las artes, pastorea.
- Si Dios te llamo a evangelizar a través de las artes, evangeliza.
- Si te ha llamado a enseñar, enseña.

La multiforme gracia de Dios nos permite hacer la obra de diversas maneras

La creatividad ilimitada pero que sea siempre basada en la Palabra y con el objetivo establecer su Reino; no el nuestro.

Tu vida tomará un alineamiento sobrenatural y Dios te usará para llevar muchos cautivos a la libertad.

Sus promesas vendrán a tu vida, a tu casa, a tu iglesia y a tu Ciudad cuando le puedas dar al Señor una danza que perfume el trono de Dios y no un baile que traiga mezcla y confusión, cortando las cabezas de nuestros profetas de hoy.

Cuando danzamos ante el Señor, presentemos nuestros cuerpos como sacrificio vivo y santo, aceptable a Dios, que es vuestro culto racional. Romanos 12:1

Si no estás viendo los frutos que deseas en tu ministerio, haz una pausa y examínate.

Ora al Señor de forma sincera y dile: "Señor, si hay algo en mí que está trayendo muerte o confusión a tu pueblo, muéstrame en que área y quita las vendas de mis ojos. Solo quiero hacer tu voluntad, escuchando y obedeciendo tu voz.

V. LA GUERRA ESPIRITUAL E INTERCESION

Sin liberación no hay restauración y si no somos, liberados y restaurados no podemos liberar ni restaurar.

El enemigo se ha encargado de distorsionar todo, pero esta generación osada se levanta con un mayor conocimiento de la Palabra de Dios y con ella, igual como Jesús, callamos la boca del enemigo.

El enemigo es un usurpador y tratara de callar tu boca para tomar territorio sobre tu vida y sobre la asignación que se te fue dada, por eso es importante conocer nuestros derechos espirituales y declararlos, reconociendo que estamos guardados por Dios y que nada se mueve sin el permiso de nuestro padre celestial, según Job 1-12.

Cuando sientas desánimos y quieras tirar la toalla es precisamente el momento donde debes sacar tu Espada que es la Palabra de Dios, reconociendo que: *"Las armas de nuestra milicia no son carnales, sino poderosas en Dios para la destrucción de fortalezas, derribando argumentos y toda altivez que se levanta contra el conocimiento de Dios, y llevando cautivo todo pensamiento a la obediencia a Cristo". 2 Corintios 10:4-6*

David declara en Salmos 144:"Bendito sea Jehová, mi roca, Quien adiestra mis manos para la batalla, Y mis dedos para la guerra; Misericordia mía y mi castillo, Fortaleza mía y mi libertador, Escudo mío, en quien he confiado; El que sujeta a mi pueblo debajo de mí".

David sabía que tenía una Guerra y no debía confrontarla solo, más bien, él puso su confianza en el Señor Todopoderoso. Al igual que David, esto debemos hacer cuando confrontamos una la Guerra Espiritual. Dios declara Su soberanía y Poder y Él peleara por ti. Conocer al enemigo y el territorio donde peleas, es lo que te dará la victoria.

"Porque no tenemos lucha contra sangre y carne, sino contra principados, contra potestades, contra los gobernadores de las tinieblas de este siglo, contra huestes espirituales de maldad en las regiones celestes. Por tanto, tomad toda la armadura de Dios, para que podáis resistir en el día malo, y habiendo acabado todo, estar firmes". **Efesios 6:12-13**

"Y vosotros seréis llamados sacerdotes de Jehová, ministros de nuestro Dios seréis llamados; comeréis las riquezas de las naciones, y con su gloria seréis sublimes". **Isaías 61:6**

Aquí en Isaías 61, nos refleja claramente el llamado de todo hijo. Memorízalo y ponlo en práctica. ¡Ya es tu hora!

"El Espíritu de Jehová el Señor está sobre mí, porque me ungió Jehová; me ha enviado a predicar buenas nuevas a los abatidos, a vendar a los quebrantados de corazón, a publicar libertad a los cautivos, y a los presos apertura de la cárcel; a proclamar el año de la buena voluntad de Jehová, y el día de venganza del Dios nuestro; a consolar a todos los enlutados; a ordenar que a los afligidos de Sion se les dé gloria en lugar de ceniza, óleo de gozo en lugar de luto, manto de alegría en lugar del espíritu angustiado; y serán llamados árboles de justicia, plantío de Jehová, para gloria suya. Reedificarán las ruinas antiguas, y levantarán los

asolamientos primeros, y restaurarán las ciudades arruinadas, los escombros de muchas generaciones. Y extranjeros apacentarán vuestras ovejas, y los extraños serán vuestros labradores y vuestros viñadores.
Isaías 61:1-5.

Satanás se ha establecido a sí mismo como un "dios" en el reino terrenal.

Es un IMPOSTOR e imitador "Rey de Babilonia, tú que derrotabas a las naciones, ¡has caído de muy alto! Te creías un dios en el cielo pero fuiste derribado a la tierra. Te decías a ti mismo: "Voy a subir hasta el cielo,
allí pondré mi trono por encima de las estrellas de Dios. Reinaré desde la montaña donde viven los dioses. Subiré más allá de las nubes, y seré como el Dios altísimo". Isaías 14:12-14

Desde que Dios abortó el golpe de estado que el diablo quiso hacer - el enemigo ha intentado dirigir la Tierra y nosotros ponemos resistencia. Santiago 4:7.

o Satanás y sus legiones tiene la capacidad de OPRIMIR, POSEER, y aterrorizar a la humanidad.

o Tiene economía muy sofisticada.

o Reino de oscuridad

o Accesible para seres espirituales y seres humanos. --- ángeles caídos viven allí. Babilonia - Apocalipsis 18:1-4 o Ellos también adoran. Daniel 3:1-15 y Apocalipsis 17:1-6 es un estilo de vida. Así cómo me lleva a Dios. También me lleva al Diablo.

o Se sienten en el espíritu y en lo físico. Drogadicto, prostitución, depresión, Colosenses 2:20-21 y Juan 2:15-17.

o Los demonios son BIEN ORGANIZADOS y UNIDOS, conocen ORDEN y jerarquía.

A- Principados. Poder directamente de Satanás (leyes y políticas, líderes mundiales, como ejemplo Adolfo Hitler.
Ezequiel 28:11-19

B- Potestad. Autoridad delegada (afectan familias, gobierno, educación, iglesias,) Ezequiel 28:1-10

C- Gobernadores de las tinieblas de este mundo. Afectan el sistema cosmológico, ciegan a la gente. Afectan pensamientos, sentimientos, la música, moda, artes, ideas religiosas, películas.

D- Maldad espiritual en sitios elevados. Perversidad, corrupción.

E- Diablos y demonios (distribuidor de fortunas). Espíritu sobrenatural que posee la naturaleza de

Satanás y tiene la capacidad de repartir fortunas. (Riquezas de los injustos).

F- Espíritus de las regiones del infierno (brujería). El mundo de las tinieblas contiene seis regiones, ninguna de las cuales te gustaría visitar.

1. Muerte
2. Infierno
3. La tumba
4. El sepulcro
5. El abismo
6. Regiones del mar

INTERCESION

¿Qué es intercesión?

La intercesión es el acto de abogar pedir a favor de otro. Durante la intercesión estamos parados en la brecha.

"Busqué entre ellos alguno que levantara un muro y se pusiera en pie en la brecha delante de mí a favor de la tierra, para que yo no la destruyera, pero no lo hallé". Ezequiel 22:30.

Jesús fue nuestro mejor ejemplo en todo, incluyendo como Intercesor. El sobrepaso sus pruebas y venció sus adversidades, cumpliendo la voluntad del padre hasta la muerte. "Porque hay un solo Dios, *y* también un solo mediador entre Dios y los hombres, Cristo Jesús hombre. 1 Timoteo 2:5

Jesús es nuestro mediador (intercesor). Cuando nosotros intercedemos por otros, vamos en el nombre de Jesús. Dios coloca a Sus hijos guerreros en puntos estratégicos para pelear la batalla por medio de la oración en el nombre de Jesús. "Mira que te he puesto en este día sobre naciones y sobre reinos, para arrancar y para destruir, para arruinar y para derribar, para edificar y para plantar" (Jeremías 1:10).

"Para ser un buen intercesor,
debe ser un buen adorador y un adorador

siempre será un buen intercesor".

Estamos viviendo tiempos difíciles, muchos eventos señalados proféticamente se están cumpliendo; muchas naciones en nuestro continente y fuera de este están con revueltas cívicas, pasando por hambrunas, represiones, abusos de autoridad, violencia a todos los niveles, secuestros y en el peor de los escenarios guerras.

Eso me recuerda el año 2013 cuando el ex-presidente de Venezuela Hugo Chavez murió; me toco estar en ese hermoso país para el evento "Sube la Alabanza".

El Señor se manifestó de una forma maravillosa a su pueblo y justo allí en un ambiente de tanta incertidumbre, el Eterno se revelo para ministración de su pueblo.

El Señor no nos abandona, sin importar el tamaño de la crisis local, personal o regional por la que estés pasando, recuerda que Él es más grande, más fuerte y fiel a sus promesas.

Salmos 91:7-9 nos reafirma su fidelidad y amor "Caerán a tu lado mil, y diez mil a tu diestra, mas a ti no llegara. Ciertamente con tus ojos miraras y veras la recompensa de los impíos. Porque has puesto a Jehová que es mi esperanza, al Altísimo por tu habitación".

VI. GUIA PRACTICA DE AUTO LIBERACION Y SANIDAD INTERIOR

Es necesario que confrontemos nuestro diagnóstico y que seamos honestos al responder a las siguientes preguntas.

Si quieres un diagnóstico bien hecho, así como cuando visitas al doctor, porque sabes que algo no anda bien, no puedes mentir en tu historial clínico, pues esto puede provocar confusión al identificar tu verdadera situación. Por error podrían señalarte una condición inofensiva con algo potencialmente catastrófico o viceversa, por esta razón debes ser completamente transparente, de modo que el tratamiento que decida administrarte el doctor divino, te ofrezca la oportunidad de sobrepasar tu enfermedad y quedar completamente sanado.

Cuando hablamos del alma, tocamos el aspecto espiritual de nuestro ser, por tanto, si examinamos con detenimiento y claridad nuestro corazón, poniendo las cartas sobre la mesa y el espejo de frente, estaremos listos para que el "Jehová Rafa" empiece a trabajar con tu caso.

RECONOCER LOS PECADOS

Arrepentimiento.

Cuando haces algo que sabes que no está bien, sientes que tu dominio propio está fallando. El Espíritu Santo trae a tu memoria como has entristecido al Padre con esta acción y por amor al Eterno te arrepientes, rendido a sus pies con la firme decisión de no volverlo a hacer.

Arrepentirse es cambiar de acción respecto a algo radicalmente; es devolverte y cerrar toda puerta que te conduzca a caer nuevamente; revestirte con decisión de cambio, aplicando persistencia.

Sin embargo, sentirte culpable es otra cosa. Es saber responsablemente de un hecho negativo ejecutado, que te mortifica porque sabes lo que hiciste, pero no estas convencido de hacer un cambio y cerrar las puertas que te conducen a resbalar otra vez.

Es necesario entonces que tomes la decisión de inclinar tu corazón a obedecer lo que Dios ha ministrado a tu vida. A entender que si no haces un cambio te convertirás en el principal bloqueador de unción en tu vida. Tú debes promover el inicio, el desarrollo y la ejecución de una sanidad interior genuina, que te permita alcanzar otro nivel de bendición, para que el Espíritu Santo ministre su poder y te bautice, toque las fibras de tu alma, talle cada centímetro de tu corazón y desate la sanidad interior que tanto necesitas, sellándola para siempre.

Arrepentimiento de pecados (puedes nombrar aquellos no mencionados en esta lista)

1. ¿Has matado?

2. ¿Has hurtado?

3. ¿Has cometido actos impuros?

4. ¿Has dado falso testimonio o mentira?

5. ¿Has sentido envidia?

6. ¿Has codiciado bienes ajenos?

7. ¿Has actuado con egoismo?

8. ¿Has actuado o tomado decisiones orgullosas?

9. ¿Has deshonrado a tus padres?

10. ¿Has robado?

Sálvame de mí mismo

¿Conoces tus concupiscencias? (Inclinación excesiva a los bienes materiales o a los deleites carnales su concupiscencia parece no tener límites.) Hás una lista.

¿Cuáles son aquellas cosas de mi pasado con las que aun lucho?

¿Cuáles amistades conservo que me acercan más a mi pasado pecaminoso que a Dios?

¿En qué cosas pienso o pongo primero en mi vida, antes que a Cristo?

¿Qué cosas extraño de mi vida, del "viejo hombre"? Piensa bien y se honesto.

Si estuvieras participando en un concurso de belleza, del 1 al 10 ¿cuántos puntos te darías?

Imagínate que estas enfrente a un espejo y escribe lo que dirías sobre ti.

¿Cómo creo que Dios me ve?

¿Se compara lo que yo opino sobre mí con lo que opina Dios de mí?

¿Si pusiera un precio a lo que valgo?

¿Cuánta importancia tiene lo que opinan los demás sobre ti?

¿Me siento rechazado?

¿Hubo algún tipo de abandono en mi niñez? Divorcio, rotura entre hermanos, noviazgo, con algún familiar, amistad u otro, etc.

¿Me siento culpable por algo que ocurrió por ese rompimiento?

Cuando alguien no me incluye en los detalles de un evento o salida, ¿me siento rechazado? ¿Por quién? Nombra las personas.

¿Que tan incluido o excluido me siento entre los amigos, congregación, trabajo o ministerio?

¿Has tenido deseos o pensamientos de quitarte la vida? ¿por qué?

¿Hubo algún "bulling" (acoso, palabras o hechos) por parte de alguien en tu escuela, casa, iglesia, trabajo o comunidad?

Volviendo al Padre

Describir cómo fue o es mi relación con mi padre natural

Describir cómo fue o es mi relación con mi madre

¿Consideras a tu familia disfuncional? ¿Por qué?

¿Cómo es mi relación con Dios Padre?

¿Has comparado tu relación con Dios con la de tu padre terrenal?

Para los que son hijos de padres divorciados, ¿Qué cosas has hecho para llenar el vacío que dejo la ruptura? ¿Has recurrido al sexo, actos de rebeldía, tatuajes, robos, etc.?

¿Necesitas restaurar tu relación con ti padre terrenal?

¿Tienes una figura paterna en tu vida de la que sufriste abandono?

¿Consideras que tienes una correcta visión del Padre Celestial?

¿Crees tú que necesitas volver al Padre Celestial?

¿Qué persona(s) en mi vida me produjeron un gran maltrato?

¿Cuáles de ellas he perdonado?

¿Cuándo veo o escucho a esa persona, la quiero bendecir o siento algo negativo en mi corazón?

¿Te tomarías un café o saldrías de vacaciones con esa persona?

¿Me amo más que a todos los que me rodean?

¿Te has perdonado a ti misma(o) por tus pecados?

¿Realmente has perdonado?

Mi sexualidad

¿Has tenido sexo fuera del matrimonio?

¿Has sido infiel a mi esposo (a)?

¿Fuiste violado(a)? Sabes de quien?

¿Te masturbas o visto pornografia?

¿Has tenido contacto sexual con una persona de tu mismo sexo?

¿Con cuántas parejas has estado sexualmente?

¿Sabes que con cada pareja sexual que has tenido, se ha creado una ligadura de alma?

¿Has roto con esas ligaduras?

¿Te has practicado un aborto (matar un bebe)?

¿Has sentido deseo de estar con alguien del sexo opuesto?

¿Has practicado homosexualismo? Explica.

Brujeria/Santeria

¿Has practicado o estas practicando brujería o adivinación?

¿Te has hecho leer la mano, taza, cartas; ¿jugado Ouija?

¿Tus padres, han tenido alguna vinculación con la brujería?

¿Has tenido tu algún pacto con el Diablo?

¿Te han consagrado a algún "santo" o espíritu?

VII. NUESTRAS ARMAS ESPIRITUALES

Nuestras armas son poderosas y operan a un nivel más alto que Satanàs.

"Pues aunque andamos en la carne, no militamos según la carne; porque las armas de nuestra milicia no son carnales, sino poderosas en Dios para la destrucción de fortalezas, derribando argumentos y toda altivez que se levanta contra el conocimiento de Dios, y llevando cautivo todo pensamiento a la obediencia a Cristo, y estando prontos para castigar toda desobediencia, cuando vuestra obediencia sea perfecta". **2 Corintios 10:3-6**

"Ninguna arma forjada contra ti prosperará, y condenarás toda lengua que se levante contra ti en juicio. Esta es la herencia de los siervos de Jehová, y su salvación de mí vendrá, dijo Jehová" **Isaias 54:17.**

ARMAS ESPIRITUALES

La oración
La oración, la intercesión y la guerra espiritual, son el aceite, el motor y el acelerador de todo adorador. No podría tocar el punto de la oración en este manual sin darte unos puntos cuales espero te ayuden en tu vida de oración.

Por tanto, os digo que todo lo que pidiereis orando, creed que lo recibiréis, y os vendrá. **Marcos 11:24**

Pero tú, cuando te pongas a orar, entra en tu cuarto, cierra la puerta y ora a tu Padre, que está en lo secreto. Así tu Padre, que ve lo que se hace en secreto, te recompensará. **Mateo 6:6**

La siguiente lista no es una formula, sino sugerencias de lo que puedes presentarle al padre mientras estás orando. Antes asegúrate de:

- Separar un área exclusiva para tu tiempo de intimidad con el Señor.
- Mantener esa área con adoración continua.
- Ajustar tu agenda que te permita visitar con regularidad este altar.
- Tener una Biblia y libreta a mano.
- Estar a la expectativa de que es una comunión en la cual no solo tú le hablarás al Padre, sino que también el Padre hablará contigo y te confiará sus secretos.

Sugerencias para el inicio de tu tiempo de oración.

Es fundamental seguir los pasos siguientes.

- Dale gracias por su sangre.
- Dale gracias porque tenemos al Espíritu Santo.
- Declarar su cuerpo sano por el poder de la sangre de Cristo.
- Declara mente renovada.

- o Declarar que usted es bendecido y gracias por la sangre de Cristo que rompió con toda maldición de pobreza.
- o Fortalece tu fe.
- o Dale gracias por la gracia.
- o Dale gracias porque Él te ha justificado.
- o Dale gracias porque has sido resucitado juntamente con Cristo y estás sentado en lugares celestiales.
- o Mira tú nueva identidad (la que dice la Palabra) y dale gracias.
- o Renueva tu mente todos los días.
- o afirma la visión para la cual existes
- o Afirma tu identidad (no más crisis en la identidad)
- o ¡Celebra esa victoria de pasar de un lugar de oscuridad a la luz!
- o ¡Reconoce el privilegio que te fue otorgado!

Segunda etapa en oración – "Espíritu Santo, escudríñame".

"Y aquel que escudriña los corazones sabe
cuál es el sentir del Espíritu".. **Romanos 8**

Pídele al ESPIRITU SANTO que te ayude a reconocer si has cometido falta ante alguno de los 10 mandamientos, que él nos ha instruido respetar. Procede a revisarlos uno por uno.

o ¿Tengo yo algún otro Dios en mi vida?

o ¿Estoy amando yo, otra cosa más que tu Dios? Pídele que te ayude a destruir es deseo.

o ¿Uso el nombre de Dios en vano?

o ¿Honro y respeto a mi padre y mi madre?

o ¿Estoy matando (pueda ser en mis pensamientos) a alguien? -Pide perdón a Dios.

o ¿Estoy cometiendo adulterio? Orar aun por los deseos sexuales en tu juventud para desraizar toda raíz, creando un temor de Dios.

o ¿Estoy yo robando algo? ¿Tiempo, recursos, entrega, obediencia?

o ¿Sabías que también debes diezmar tu tiempo a Dios?

o ¿Cuánto tiempo crees que debes orar?

o ¿Qué es lo primero que haces al despertar?

o ¿Estoy dando falso testimonio; mintiendo?

o ¿Envidias a alguien?

Tercera etapa en oración - Presentar peticiones. ¡Pedir, creer y dar gracias!

No se inquieten por nada; más bien, en toda ocasión, con oración y ruego, presenten sus peticiones a Dios y denle gracias. Y la paz de Dios, que sobrepasa todo entendimiento, cuidará sus corazones y sus pensamientos en Cristo Jesús". **Filipenses 4:6-7**

Ésta es la confianza que tenemos al acercarnos a Dios: que, si pedimos conforme a su voluntad, él nos oye. **1 Juan 5:14**

Por eso les digo: Crean que ya han recibido todo lo que estén pidiendo en oración, y lo obtendrán. **Marcos 11:24**

"Entonces ustedes me invocarán, y vendrán a suplicarme, y yo los escucharé".
Jeremías 29:12

"Clama a mí y te responderé, y te daré a conocer cosas grandes y ocultas que tú no sabes." **Jeremías 33:3**

"Más buscad primeramente el reino de Dios y su justicia, y todas estas cosas os serán añadidas". **Mateo 6:33**

OTRAS ARMAS:

Gemir **(Del latin *"gemere"*)**
Expresar dolor o pena por medio de sonidos.

Hay una oración según la carne y una oración según el Espíritu. Hay una danza según la carne y una danza según el Espíritu.

Se levanta una generación de Danzores que reconocen la prioridad entre orar y entrenar, pues ¿de qué te vale entrenar tanto la carne, si tu espíritu no reconoce la voz de Dios?

¿Qué mensaje espiritual estarás traduciendo con tu cuerpo, si no sabes distinguir entre la voz de Dios y la de tu propia alma?

Si Deseas activar los sonidos del Cielo, esto inicia con un clamor que se convierte en Gemir.

Hay un sonido del Cielo que sale de nosotros y afecta al mudo espiritual. Ese Sonido se llama gemir.

El gemir es usado mientras oramos por otros o por nosotros mismos. Es una de las formas más efectivas de llamar la atención de Dios.

El gemir es algo tan espiritual que la Palabra de Dios nos dice "que hasta la creación gime" e incluso dice que "el mismo Espíritu de Dios intercede por nosotros con Gemidos".

"Porque el anhelo ardiente de la creación es el aguardar la manifestación de los hijos de Dios. Porque la creación fue sujetada a vanidad, no por su propia voluntad, sino por causa del que la sujetó en esperanza; porque también la creación misma será libertada de la esclavitud de corrupción, a la libertad gloriosa de los hijos de Dios. Porque sabemos que toda la creación gime a una, y a una está con dolores de parto hasta ahora; y no sólo ella, sino que también nosotros mismos, que tenemos las primicias del Espíritu, nosotros también gemimos dentro de nosotros mismos, esperando la adopción, la redención de nuestro cuerpo. Porque en esperanza fuimos salvos; pero la esperanza que se ve, no es esperanza; porque lo que alguno ve, ¿a qué esperarlo? Pero si esperamos lo que no vemos, con paciencia lo aguardamos. Y de igual manera el Espíritu nos ayuda en nuestra debilidad; pues qué hemos de pedir como conviene, no lo sabemos, pero el Espíritu mismo intercede por nosotros con gemidos indecibles.

Mas el que escudriña los corazones sabe cuál es la intención del Espíritu, porque conforme a la voluntad de Dios intercede por los santos". **Romanos 8:19-27**

El Gemido causa que Dios tenga misericordia

"Y cuando el SEÑOR les despertaba jueces, el SEÑOR era con el juez, y los libraba de mano de los enemigos todo el tiempo de aquel juez; porque el SEÑOR se arrepentía por sus **gemidos** a causa de los que los oprimían y afligían". **Jueces 2:18.**

"Y esta otra cosa hacéis: cubrís el altar del SEÑOR de lágrimas, llantos y **gemidos**, porque El ya no mira la ofrenda ni {la} acepta {con} agrado de vuestra mano".
Malasias 2:13.

El gemido causa que Dios se levante
"Por la desolación del afligido, por los **gemidos** del menesteroso, me levantaré ahora, dice el SEÑOR; lo pondré en la seguridad que anhela". **Jeremías 25:34.**

El gemido atrae al sanador

"De repente cae Babilonia y se hace pedazos. Den **gemidos** por ella, Traigan bálsamo para su dolor; Quizá se cure". **Jeremías 51:8.**

El gemido Liberta

"Ciertamente he visto la opresión de mi pueblo en Egipto y he oído sus **gemidos**, y he descendido para librarlos; ven ahora y te enviaré a Egipto." **Hechos 7:34**

Ayuno

"¿No es más bien el ayuno que yo escogí, desatar las ligaduras de impiedad, soltar las cargas de opresión, y dejar ir libres a los quebrantados, y que rompáis todo yugo? ¿No es que partas tu pan con el hambriento, y a los pobres errantes albergues en casa; ¿que cuando veas al desnudo, lo cubras, y no te escondas de tu hermano?

Entonces nacerá tu luz como el alba, y tu salvación se dejará ver pronto; e irá tu justicia delante de ti, y la gloria de Jehová será tu retaguardia.

Entonces invocarás, y te oirá Jehová; clamarás, y dirá él: Heme aquí. Si quitares de en medio de ti el yugo, el dedo amenazador, y el hablar vanidad". **Isaías 58:6-9.**

Fe

"Porque todo lo que es nacido[a] de Dios vence al mundo; y esta es la victoria que ha vencido al mundo: nuestra fe". **1 Juan 5:4.**

"Y todo lo que pidáis en oración, creyendo, lo recibiréis". - **Mateo 21:22.**

La Sangre de Cristo

"En él tenemos la redención mediante su sangre, el perdón de nuestros pecados, conforme a las riquezas de la gracia". **Efesios 1:7.**

La Palabra de Dios

"Y tomad el yelmo de la salvación, y la espada del Espíritu, que es la palabra de Dios" **Efesios 6:17.**

"Porque la Palabra de Dios es viva y eficaz, y más cortante que toda espada de dos filos; y penetra hasta partir el alma y el espíritu, las coyunturas y los tuétanos, y discierne los pensamientos y las intenciones del corazón". **Hebreos 4:12.**

La persona de JESUS

El nombre de Jesús - arrepentimiento Hechos 2:38.
Toda rodilla se dobla. Filipenses 2:9-11.
En el SOMOS más grandes que cualquier otro PODER que opera en este mundo.
1 Juan 4:4

La unción

La unción es el PODER, las provisiones, y la presencia de Dios manifiesta a través de la persona del Espíritu Santo. Isaias 10:27

Oración en el ESPIRITU

Esta Arma está diseñada para capacitar y fortalecer al hombre interior. - Judas 20
Orar en todo tiempo, VIGILANDO. - Efesios 6:18

Lenguaje de los Hombres

SOMOS los conductores secundarios autorizados para desatar la Palabra de Dios. Debemos meditar en Ella, para que seamos bíblicos al hablar.
1 Corintios 13:1.

Lenguas angelicales

El Lenguaje de los ángeles.
Puramente la Palabra de Dios declara en Salmos 103:29-21, que cuando hablas, los ángeles responden.
1 Corintios 13:1 - Salmos 91:11 - Jeremías 1:12.

Alabanzas como arma de guerra

Los trompetistas y los cantores alababan y daban gracias al SEÑOR al son de trompetas, címbalos y otros instrumentos musicales. Y cuando tocaron y cantaron al unísono: "El SEÑOR es bueno; su gran amor perdura para siempre", una nube cubrió el templo del SEÑOR.
"Por causa de la nube, los sacerdotes no pudieron celebrar el culto, pues la gloria del SEÑOR había llenado el templo". **2 Crónicas 5:13-14.**

"Entren por sus *puertas con acción de gracias; vengan a sus atrios con himnos de alabanza; denle gracias, alaben su *nombre". **Salmos 100:4.**

Se nos asegura la victoria cuando caminamos en la voluntad de Dios.

- Danzar/Bailar- Jueces 5:18-22 Danza en el FUEGO de la Batalla
- Aplaudir- poniéndose de acuerdo con el Cielo. Ezequiel 6-1.
- Marchar o pisar Fuerte - Ver Josué 6:1-21 / Josué 6:1:11.
- Gritar - Batalla de Jericó - Josué 6:1-21.
- Música - 2 Reyes 3:15-19 – Destruir ciudades fortificadas, finanzas para expandir el evangelio. Eclesiastés 7:12.

VII. LA GUERRA ESPRIITUAL E INTERCESION A TRAVES DE LA DANZA

Los ministerios de Artes Cristianas tienen el privilegio de traducir la palabra de Dios a través de movimientos. Para lograr esta misión, leímos en la primera parte del manual que la potencia del hombre se encuentra en la conexión balanceada de su alma, su cuerpo y su espíritu; sujeta a la verdad de la Palabra de Dios y intimidad con el Padre, hijo y Espíritu Santo.

Para caminar en autoridad, debes estar bajo autoridad.
Los procesos serán inevitables en tu vida, cuando anhelas hacer algo grande para Dios.

El continuo reconocer, humillar, quebrantar, examinar, sanar, liberar, gemir, interceder, intimidar en la presencia del Padre, serán tu pan de cada día.
La continua hambre y desesperación por el Espíritu Santo será lo que llevará tu ministerio a su próximo nivel.

El entrenamiento físico es muy importante, pero sin la base de la palabra de Dios (sanidad, liberación y crecimiento espiritual) en cada miembro, simplemente serán artistas que mueven las emociones de un pueblo que tiene hambre y necesidad de ser transformado por Dios, en espera de que Él se manifieste a través de tu Arte.

Hoy es el tiempo que Dios está levantando el tabernáculo y rompiendo tantos *tabúe*s y preguntas de como adorarle y con qué adorarle. Hoy es el día que todos le adoramos en plena libertad, así como dice el famoso Salmo 150b- *"Todo lo que respira alabe a JAH. Aleluya"*.

Es tiempo de que la iglesia se levante en una Adoración sin límites. Es tiempo de que creamos en TODA la Palabra de Dios y no en algunas partes. La Biblia está llena de ejemplos de actos y mandatos de adoración. ¡TODO LO QUE EL PADRE QUIERE ES QUE SUS HIJOS LE ADOREN!

Los ángeles le adoran día y noche (Apocalipsis 4:8), así mismo como hubo adoración durante el Reinado del Rey David por aproximadamente por 33 años consecutivos con libre acceso al trono de Dios en Tabernáculo (1 Crónicas 15, 16 & 25).

David tuvo su asignación en el viejo testamento y nosotros ahora somos parte de la restauración de tal, según en Hechos 15:16: Después de esto volveré Y reedificaré el tabernáculo de David, que está caído; Y repararé sus ruinas, Y lo volveré a levantar.

Esta generación es parte de la restauración de la adoración profetizo continua de 24 horas al día, así como hubo en el tabernáculo de David, donde la mayoría de los salmos fueron creados mientras adoraban al Rey espontáneamente día y noche.

"En aquel día levantaré el tabernáculo caído de David, repararé sus brechas, levantaré sus ruinas, y lo reedificaré como en tiempo pasado". Amos 9:11

Estamos llamados a reedificar las ruinas y para ejecutar esta asignación tan importante debemos tener instrucciones claras de cómo hacerlo.

Como adoradores que usamos la danza como arma de Guerra e Intercesión debemos de estar claros que el poder de la danza no está en los estilos de baile (si es rápido o suave) ni en la coreografía, ni la ropa ni los instrumentos, ni aun en el buen deseo de que Dios se mueva.

Nuestra asignación como danzores es afectar al mudo espiritual y "porque las armas de nuestra contienda no son carnales, sino poderosas en Dios para la destrucción de fortalezas"; 2 Corintios 10:4 debemos entrenarnos en estas armas para poder afectar al mundo espiritual.

Como puedes ver en este manual, 80% del material que encontraras son herramientas para encontrarte contigo mismo, ayudarte a sanar y liberar tu alma y fortalecer tu espíritu, porque solo de esta forma podrás ejecutar efectivamente una danza de Guerra en el momento que Dios te lo pida.

Si hoy me llaman a pelear a la guerra próxima mundial, yo estuviera muerta en la primera hora porque nunca e sido entrenado para la guerra.

El entrenamiento para la guerra natural toma un nivel de conocimiento de las armas, estudio sobre el enemigo que estamos enfrentando, tiempo, enfoque, persistencia, dieta especial y un sin número de procesos que me preparan para esa guerra.

De la misma forma el entrenamiento de un adorador que usa la danza como su herramienta de Guerra, debe de ser procesado, pues solo en los procesos de Dios veras el fruto del entrenamiento.

Durante los procesos creas una mayor dependencia del Espíritu Santo, la lectura de la palabra aumenta, tu búsqueda de Dios aumenta, tu fe aumenta, y vas conociendo diferentes facetas de Dios que no hubieras conocido al menos que hallas pasado por esos procesos.

El nivel de autoridad que tengas cuando ministres a través de la danza depende del nivel de intimidad y relación que tengas con Dios, porque un adorador que tiene una buena relación con Dios podrá ser sensible a su voz y dejarse llevar por el Espíritu.

Él te ira confiando poco a poco y te preparará para enviarte, el día que Él te necesite, para ejecutar una función.

¿Por qué a través de la danza?
¿Por qué no?

Muchos usan sus instrumentos musicales o sus cuerdas vocales en sus predicas o cánticos para activar una atmósfera de Guerra y provocar que el enemigo hulla, pues una de las promesas de la palabra de Dios es que El Señor habita en medio de la alabanza de su pueblo.

Atreves de tu danza, tus movimientos, tus manos, tus pies puedes desatar de lo que tienes. "De lo que tengo te doy..." le dijo Pedro al paralítico. Si Dios está en mí, eso desatare en ese lugar y los enemigos presentes no podrán resistir la presencia de Dios.

Creo que uno de los mayores errores que está ocurriendo con los danzores es el mal uso de la misma. Dios nos pidió que la reedifiquemos con la intención de edificar y no entretener y si no estamos alineando nuestro espíritu al Espíritu Santo por más que deseemos que Dios se mueva, nos quedaremos en el nivel de entretenimiento.

Tenemos que cuidar de lo que nos estamos llenando, pues de eso vamos a impartir.

No hay danza en la carne y danza en el espíritu. Todas las Danzas que hemos visto realizadas dentro o fuera de la Iglesia, son espirituales. La pregunta seria, ¿qué espíritu hemos estado impartiendo?

Cuando entramos a territorio espiritual estamos completamente vulnerables tanto para dar como para recibir y nuestro anhelo como adoradores es que siempre estemos impartiendo no del alma, sino desde nuestro espíritu.

David no mato a Goliat porque él quiso y punto; fue entrenado en el lugar donde nadie lo veía, estaba seguro de la llenura del Espíritu Santo de Dios; fue fiel en lo poco y cuando llegó el tiempo de lo mucho le fue fácil.

Tú cortaras muchas cabezas de "Goliats" en tu vida, a través de la danza de Guerra e Intercesión, pero primero serás probado, serás pasado por el fuego, serás preparado para cuando llegue el día de cortar la cabeza, tu puntería sea precisa.

Algo que no pueda dejar fuera es que todo adorador que desee fluir en el espíritu, dirigido por el Espíritu Santo debe tener un líder sujeto y sensible a la presencia del Espíritu Santo y reconocer los tiempos de Dios para ejecutar lo que El desea en ese momento.

Nosotros nos entrenamos física t espiritualmente, llegamos al campo de batalla y esperamos por instrucciones.

Es lo mismo que hizo Josafat en 2 Crónicas cuando se le dio las instrucciones de orar y ayunar antes de ir a la batalla y esa guerra la ganaría con las instrucciones que se dieron.

Hemos aprendido a prepararnos para un culto y aun si escuchamos con claridad lo que Dios quiere, seguimos con la danza especial, haciendo caso omiso a lo que el Señor ha dicho.

Debemos estar a un nivel de madurez de entender que no solo hacemos la danza porque nos gusta y porque amamos a Dios, sino porque con esta misma se ejecutan asignaciones espirituales y es la herramienta que Dios nos entregó que puede traer vida o puede traer muerte si la usamos negligentemente.

Fue a través de la danza que Dios me liberó

Es muy importante que cada hijo de Dios encuentre una herramienta que lo acerque más al Padre y traiga liberación a su vida, para mí fue la adoración a través de la danza.

En ese entonces no recuerdo haberle comunicado a alguien lo que hacía ni porqué lo hacía; solamente fui obediente y aunque sé que parecía loca, fue lo que Dios utilizó para hacerme sentir en paz.

Era, literalmente, como si Dios en el tiempo de la alabanza me diera una llave para cerrar toda puerta del enemigo en mi vida, pero también para abrir todas las puertas del cielo a mi favor.

En ese tiempo tenía muchos problemas económicos, necesitaba trabajo, tenía que mudarme y debía pagar más de $16,000 dólares por concepto de deudas.

Sin embargo, cuando oraba nunca le pedía a Dios nada para mí; lo único que me venía a la mente era el texto de Mateo 6:33: "Mas buscad primeramente el reino de Dios y su justicia, y todas estas cosas os serán añadidas".

No tenía nada que perder, pues había llegado sin nada a la iglesia; pero me di cuenta de que en el Reino había mucho por aprender y mientras más me sumergía en su Palabra, más aprendía y quitaba todo mi dolor y culpa por mis fracasos.

Esto me movía a no desear nada del mundo

Mientras escribía el libro "Activados para Transformar", Dios me trajo estos momentos a la memoria, tiempos que puedo identificar como una guerra de liberación y que gracias a lo que el Señor me permitió vivir, ahora puedo compartirlo con ustedes.

Para hacer una guerra espiritual no necesitamos estar reprendiendo o pensando en el diablo; toda guerra espiritual inicia cuando comienzas a adorar a Dios.

También en el Salmo 149 hay una declaración sobre este tema: "Cantad a Jehová cántico nuevo; Su alabanza sea en la congregación de los santos. Alégrese Israel en su Hacedor; Los hijos de Sion se gocen en su Rey. Alaben su nombre con danza; Con pandero y arpa a él canten.

Porque Jehová tiene contentamiento en su pueblo; hermoseará a los humildes con la salvación. Regocíjense los santos por su gloria y canten aun sobre sus camas.

Exalten a Dios con sus gargantas, Y espadas de dos filos en sus manos, Para ejecutar venganza entre las naciones, Y castigo entre los pueblos; Para aprisionar a sus reyes con grillos, Y a sus nobles con cadenas de hierro; Para ejecutar en ellos el juicio decretado; Gloria será esto para todos sus santos.
Aleluya".

Experiencia durante "Arrebatando las Artes"

Durante el primer año de la escuela HOTAI, entre los estudiantes del semestre y las maestras hicimos una obra que se llamó "Arrebatando las Artes" (disponible al público en videos).

No quiero dejar de resaltar que las personas que lo han adquirido han tenido una experiencia sobrenatural, pues en este video se relata la historia de Lucifer y la restauración de las Artes.

Mientras hacia la presentación tuvimos una experiencia muy extraña, pero esta me volvió a confirmar que todo lo que estamos haciendo en la escuela y en el ministerio está realmente afectando el mundo espiritual.

En una escena donde yo representada la restauradora de las Artes, me enfrenté a Satanás, y mientras me movía en danza de liberación peleaba con el enemigo por las artes.

Al final de la obra le hablé al personaje que había hecho el papel de Satanás y le expresé cómo yo me sentí mientras le decía al enemigo que soltara las Artes.

Sinceramente, yo sentía que estaba luchando con el demonio cara a cara, inmediatamente esta persona me confesó que mientras yo le decía que soltara las artes, ella movía la cabeza en señal de negación, pero que su cabeza se movía sola y ella no podía controlarla.

En ese momento me estremecí en mi espíritu y oramos por ella, declaramos la sangre de Cristo sobre su vida y cerramos puertas. Nunca supimos qué le había causado esto, pudo haber sido hasta una puerta de temor.

Te cuento la historia para que entiendas la seriedad del mundo espiritual y cómo afectamos todo lo que hacemos cuando adoramos.

Es vital que tengas toda puerta cerrada en tu vida; y si estás en pecado no ministres al pueblo hasta que ya estés totalmente restaurado.

Testimonio - Danza de intercesión

En Puerto Rico, en un congreso donde fui invitada como ministro de danza después de una tremenda enseñanza por otra ministro, se nos indicó que empezáramos a provocar la presencia de Dios y una vez que supiéramos que Él se estaba manifestando entonces presentáramos a Dios algunas de nuestras necesidades.

Inició la música, comenzamos a danzar, y me olvidé de todos los que estaban alrededor de mí.

Mientras más me sumergía en su presencia usando mis pies, mis manos, y todo mi cuerpo, sentía que alguien me entregaba una espada en la mano.

Con mis ojos y mis puños cerrados, tomé esa espada y comencé a limpiar mi camino, la movía de un lugar a otro, la forma de ilustrarlo era como una persona que va por una selva limpiando toda la maleza, para llegar de un lugar a otro.

La danza y la espada eran los vehículos que usé. También recordaba el Salmo 18:34: "Quien adiestra mis manos para la batalla, para entesar con mis brazos el arco de bronce".

Llegó el momento en que sentí que ya no necesitaba la espada y la solté, y aunque durante la adoración nunca acostumbro a pedir por cosas personales, esta vez pedí por tres necesidades que eran vitales para mí.

La primera fue que mi esposo se activara en mi ministerio, ya que no se decidía y, eventualmente, esto iba afectar nuestra relación matrimonial.

La segunda fue que mi hija Dejoy, que en ese entonces tenía cinco años y estaba en la conferencia, fuera bautizada en el Espíritu Santo; y la tercera cosa que pedí fue que Dios nos ayudara a resolver un problema de documentación con dos casas que teníamos.

Cuando terminé de danzar le conté a una de mis maestras y amiga, Gina, sobre la experiencia. Continuó la conferencia y dos días después, mientras yo oraba y activaba los dones en otros, en la misma conferencia, me vinieron a buscar, porque algo le pasaba a mi hija Dejoy.

¡Era increíble!, mi hija estaba llena de la unción del Espíritu Santo.

Fue una experiencia que duró más de una hora y que hizo que todo el que estaba en el campamento se asombrara de ver una manifestación tan fuerte del Espíritu Santo en una niña de tan solo cinco años.

Pocos meses después, durante uno de nuestros viajes ministeriales a la República Dominicana, mi esposo me dijo: "Mi amor, he decidido que le dedicaré más tiempo al ministerio".

Desde ese entonces ha tomado toda la responsabilidad administrativa, la cual es parte de las funciones que nos complementan como pareja.

Todo el que nos conoce de manera íntima, sabe que esto era algo que deseaba, pero que veía muy lejos, ya que Edward no mostraba ningún tipo de interés en el ministerio.

Más tarde se resolvió el problema de las casas de una forma favorable para nosotros.

Cuento esta experiencia porque sé que es de mucha bendición para otros por la manera en que Dios obró a nuestro favor de una manera sorprendente. Así es como mejor puedo describir el poder de la danza intercesora en el Espíritu.

En este relato estoy tratando de describir lo que pasó, aunque fue mayor haber vivido la experiencia, pero también a través de ella pude tener una mayor revelación sobre la ministración en la danza.

En el Antiguo Testamento, vemos continuamente ejemplos, personajes como Daniel, Jeremías, Ezequiel entre otros, que fueron a interceder ante el padre... Hoy día todas las oraciones son intercesoras, ya que son ofrecidas a Dios por y a través del Señor Jesus.

"¿Quién es el que condenará? Cristo es el que murió; más aun, el que también resucitó, el que además está a la diestra de Dios, el que también intercede por nosotros". **Romanos 8:34.**

En Daniel 9 podemos encontrar una de las oraciones más reconocidas en la Biblia, en la cual Daniel intercedía por su pueblo y Dios enviaba a uno de sus ángeles con respuesta.

Oración de Intercesión. Daniel Capitulo 9.

"Dios mío, tú eres grande y poderoso; siempre cumples lo que prometes, y muestras tu amor a quienes te aman y te obedecen. Por eso, tengo que reconocer que hemos pecado. Nos hemos portado muy mal contigo; hemos vivido como si tú no existieras, y te hemos desobedecido. Los profetas hablaron de ti a nuestros reyes y a nuestros jefes, y también a nuestros padres y a todos nosotros. Pero nunca ninguno de nosotros les hizo caso.

"Dios mío, tú eres justo. Por eso nos sentimos muy avergonzados. Así se sienten los que viven en Jerusalén, y también los que viven en los países lejanos, adonde los expulsaste por haber pecado contra ti.

"Dios mío, todos estamos muy avergonzados por haber pecado contra ti. Están avergonzados nuestros reyes, nuestros jefes y nuestros padres. Pero tú nos entiendes, y habrás de perdonarnos.

"Todos nosotros hemos pecado contra ti. No te hemos hecho caso, ni hemos obedecido las enseñanzas que nos diste por medio de tus profetas. No te hemos buscado, ni hemos dejado de hacer lo malo.

"Dios nuestro, tú ya nos lo habías advertido. Si no nos portábamos bien, caerían sobre nosotros maldiciones y castigos. Así nos lo había enseñado Moisés, que siempre estuvo a tu servicio. Y ya has cumplido tus amenazas contra nosotros y nuestros gobernantes. Nunca antes habías castigado a nadie como nos has castigado a nosotros. ¡La destrucción de Jerusalén ha sido terrible! Pero tú eres justo en todo lo que haces. Tú eres nuestro Dios, y ni así te hemos escuchado.

"Dios nuestro, en el pasado tú nos diste muestras de tu gran poder. Tú sacaste de Egipto a tu pueblo, y desde entonces te hiciste muy famoso. Además, sabemos que eres muy bondadoso. Es verdad que hemos pecado y que hemos hecho lo malo, pero te rogamos que ya no te enojes contra Jerusalén.

Todos los pueblos vecinos se burlan de ella y de tu pueblo. De eso tenemos la culpa nosotros y nuestros padres. Lo reconocemos. ¡Pero recuerda que Jerusalén es tu ciudad, y que está en tu monte santo!

"Por favor, Dios nuestro, escucha mi oración y mis ruegos. Por tu propio honor, te ruego que mires la triste situación en que ha quedado tu templo, y nos muestres tu amor. ¡Escúchame, Dios mío!

¡Mira cómo ha quedado destruida la ciudad donde te adoramos! "Si te pedimos esto, no es porque creamos que somos buenos, ni porque creamos merecer lo que te pedimos. Lo hacemos porque creemos que tú eres muy compasivo y bondadoso. ¡Escúchanos,

Dios mío, y perdónanos! ¡Atiéndenos, y ven en nuestra ayuda! ¡Dios mío, te lo pedimos por ti mismo, por tu ciudad y por tu pueblo, que te adora!"

IX. INSTRUMENTOS PARA LA GUERRA

Reconocemos que el cuerpo es nuestro primer y mayor instrumentos de Guerra, pero Dios nos ha dado la creatividad de usar otros instrumentos que exteriorizan el mensaje que decíamos transmitir atraves de nuestros movimientos.

Instrumentos no santificados

El diablo ha esparcido la creencia de que muchos instrumentos fueron creados por él. Esto hace que muchos cristianos crean que hay instrumentos que no deben ser usados en lo sagrado, pero sabemos que el enemigo es un mentiroso y quiere distorsionar tu adoración. El apóstol Pablo expresa: *"Porque en él [Jesús] fueron creadas todas las cosas, las que hay en los cielos y las que hay en la tierra, visibles e invisibles; sean tronos, sean dominios, sean principados, sean potestades; todo fue creado por medio de él y para él"* (**Col. 1:16**).

Para nosotros, que estamos viviendo bajo el nuevo pacto, no importa el instrumento que uses, lo que importa es el estado de tu corazón. Cuando tomas un instruento, inmediatamente se santifica para Jesús, porque Él es santo.

Restaurar las Artes no es copiar lo que el mundo está haciendo. Restauración es tomar lo original y usarlo para lo que fue creado: *"Toda buena dádiva y todo don perfecto desciende de lo alto, del Padre"* (**Stgo. 1:17**). Todos los dones y talentos son dados por Dios.

El hombre ha tomado numerosos instrumentos para adorarse a sí mismo y para adorar a Satanás. Nuestra función, como adoradores, es restaurar esos instrumentos para glorificar al único Dios verdadero: ¡Jehová de los ejércitos!

Por ejemplo, si tú compras un local que antes era una discoteca para adorar al Diablo e instalaste allí una iglesia, entonces te pregunto: ¿Esa iglesia de Dios o local continúa siendo propiedad del Diablo? La respuesta es esta: Una vez que un hijo de Dios toma algo en sus manos para que Él lo santifique, santo es.

Otra vez te pregunto: ¿Quién es más poderoso Dios o Satanás? ¿Quién transforma a quién?

TODO lo que está en la Tierra es de nuestro Padre celestial, y mientras viva tomaré todo lo que respire y alabaré a Jehová (Sal. 150:6). Ya no vivimos por ley, sino por gracia, y Su gracia nos da libertad. Jesús dijo: *"Todas las cosas me fueron entregadas por mi Padre"*, y si le fueron entregadas a Él, también a mí (**Mt. 11:27**).

Quiero concluir mencionando que la restauración de las Artes es un trabajo asignado a los hijos de Dios; y Él no solo quiere que restauremos los instrumentos, sino también nuestras intenciones al usarlos. Las Artes no se limitan al uso de un instrumento, de la danza, el teatro, la pintura, la escritura, la fotografía o la vestimenta, sino que estas son maneras en que Dios se mueve en medio de su pueblo.

Me he enfocado más en los instrumentos porque son los que causan más controversias y preguntas, y también por las limitaciones en el uso que le es dado en la liturgia. Es mi intención que oremos y dejemos que Dios fluya en medio de su pueblo y que no llamemos "santo" o "profano" a algunas cosas, solo porque no nos gustan o no las concebimos.

Como cristianos estamos acostumbrados a que cuando vemos algo diferente a nuestra cultura y estilo, permitimos que recelos y opiniones encontradas se levanten, porque nos enfocamos en la defensa de nuestros puntos de vista. Pero, aunque todos tenemos la libertad de expresarnos debemos ser sabios y dejar que Él sea quien juzgue; porque a la larga serán los frutos los que testifiquen, para su gloria.

El consejo de Gamaliel es sabio, cuando se refiere a que debemos hacer respecto a lo que pensamos no procede de Dios. Les cito de qué se trata: *"Y ahora os digo: Apartaos de estos hombres, y dejadlos; porque si este consejo o esta obra es de los hombres, se desvanecerá; mas si es de Dios, no la podréis destruir; no seáis tal vez hallados luchando contra Dios"* (**Hch. 5:38-39**)

*"Bendito sea Jehová, mi roca, Quien adiestra mis manos para la batalla, Y mis dedos para la guerra". **Salmos 144:1***

"Y el Dios de paz aplastará en breve a Satanás bajo vuestros pies. La gracia de nuestro Señor Jesucristo sea con vosotros". **Romanos 16:20**

"Quien hace mis pies como de ciervas, Y me hace estar firme sobre mis alturas. **Salmos 18:32-34**

"Hollaréis a los malos, los cuales serán ceniza bajo las plantas de vuestros pies, en el día en que yo actúe, ha dicho Jehová de los ejércitos". **Malaquías 4:3**

Debajo algunos de los instrumentos de danza mas usados para la guerra, con una corta introdccion del mismo.

El pandero como instrumento de Guerra

Dios creo la tierra dándole la potestad de esta al hombre, pero cuando el hombre peco esta potestad se le transfirió al enemigo convirtiéndolo en el príncipe de este mundo: (Juan: 12:31).

Dios envió a si hijo para restablecer esa comunión y el orden correcto".
DESHACER LAS OBRAS DEL ENEMIGO" (Colosenses: 2:13-15).

El enemigo recibe la gloria que el ser humano no le da a Dios, pero el Todopoderoso no se quedó con los brazos cruzados; tenemos un pasaje donde EL nombra al pandero, otorgándole un uso especifico.

Leamos en *Isaias 30:32: "Y cada golpe de la vara de castigo que el SEÑOR descargue sobre ella, será al son de panderos y liras; y en batallas, blandiendo armas, El peleará contra ellos. "Por lo tanto, Dios nos ha dado las herramientas para la destrucción de nuestros enemigos".*

De ahí la importancia de conocerlas y aprender a utilizarlas, pues ¿de qué nos sirve tener un arsenal espiritual, cuando desconocemos como sacarle provecho para activar la victoria sobre el enemigo en cualquier circunstancia?

Los primores de tus tamboriles (pandero) fueron creados desde el principio de la creación (Ez.28:13).

Cuando Dios creo a Lucifer, Él tenía ya creados los tamboriles, los cuales el usaría para darle la adoración a Dios nuestro Señor.

Funciones del pandero en la danza

- El pandero activa el ambiente profético: 1era Samuel 10:2-63
- Se utiliza para celebrar: Isaías 5:12
- Se le da uso para las fiestas: Génesis 31:27
- Es símbolo de gozo y alegría: Job 21:12
- Celebra la victoria de Jesús sobre el enemigo: Éxodo 15:20-21
- Se ejecuta como parte de las acciones para embellecer la alabanza: Salmos 66:2.

El pandero va adornado con listones de colores llamados "TASSEL", estos se usan de acuerdo a su significado espiritual.

La Vara como instrumento de Guerra

La vara es instrumento usado como símbolo o herramienta de Guerra y establecimiento del Reino en autoridad.

La Vara puede tener varios significados, de acuerdo a la representación que se le quiera dar al usar en una danza.

- Es signo de realeza

- Autoridad

- Orden

"Vara" es un término que procede de la lengua latina y que alude a un bastón, un báculo, una rama o un palo alargado.

Algunos le llaman a las Varas - **Cetro** - (heb. shevet, vara; gr. rabdos, vara, báculo, bordón).

Una vara sostenida en las manos de los reyes como una prenda de autoridad.

El shevet hebreo es la palabra para "vara" o "bastón", y es usado para referirse a una vara corriente (2 S 7:14), al cayado de un pastor de ovejas (Salmos 23:4), o al bastón o vara de mando (como la RVA traduce (Jue. 5:14), RVR-1909 "de escribiente") quien evidentemente juntaba a las tropas para pasar revista, así como también para mostrar el símbolo de autoridad.

Líderes israelitas y personajes de la Biblia, mostraban su autoridad al usar la vara. Como ejemplo podemos tomar a Moisés y Aarón.

En el Antiguo Testamento, Moisés llevaba una vara con la cual podía realizar milagros. Dios le hizo saber que este instrumento le permitiría llevar a cabo actos prodigiosos, y así podría cumplir su misión.

También diversos funcionarios de la antigüedad llevaban una vara como símbolo de la autoridad. Por eso, sumado a la tradición bíblica, actualmente se asocian las varas con las órdenes o mandatos.

Las Banderas

Son usadas para danzarle a nuestro Dios, las usamos para declarar Victoria y establecer territorio y también son utilizadas como instrumentos de Guerra.
Salmos 60:4, Exodo 17:15, Cantares 2:4 , Isaias 59:19.

Tipología: Al levantar bandera, proclamamos la victoria del Señor, Su Autoridad delegada y Su poder.

Las telas utilizadas en las banderas llevan por medio de sus colores, diversas formas y movimientos o rutinas y serán levantados en los aires en señal de proclamación.

o Declaran Victoria y establecen territorio para el Señor. Números 2:2, Salmos 60:4, Cantares 2:4, Isaías 18:3, 49:22, 59:19.

o Las banderas representan: Adoración y Guerra Espiritual.

o En la Adoración expresan, gloria, alabanza, entrega, adoración.

o Las banderas hacen huir al enemigo – Isaías 59:19, Salmos 60:4-5.

o Las banderas celebran y ministran al Señor – Salmos 20:5 – 1 Crónicas 16:4.

o Las banderas dan honor, anuncian al mundo a quien pertenecemos, dan una señal, atraen la atención – Salmos 68:24-29, Jeremías 51:12, 4:6, Isaías 62:10-12.

o Las banderas declaran victoria: Salmos 20:5-9, 1 Corintios 1:31.

o Las banderas instrumentos de Guerra e Intercesión.

o Las banderas son una señal de soberanía y demarcación de territorio.

o Al levantar las banderas proclamamos la derrota del enemigo sobre nuestras vidas y en las de las demás personas, pueblos o naciones, por las que intercedemos (Isaias 59:19).

Todo fue creado por Él y para Él

Ya se acabó el tiempo de que el Diablo le haga creer a la Iglesia de Cristo que las Artes le pertenecen.

Se ha levantado una generación dispuesta a arrebatarle al enemigo lo que le pertenece a Dios. La Palabra es clara cuando dice en **Colosenses 1:16** "Porque en El fueron creadas todas las cosas, *tanto* en los cielos *como* en la tierra, visibles e invisibles; ya sean tronos o dominios o poderes o autoridades; todo ha sido creado por medio de El y para El".

Glorificar a Dios por medio de las Artes es lo que esta generación hará, y no solo con estas, sino también con todo lo que Dios está restaurando.

Hay un sinnúmero de instrumentos y Artes que nos han sido entregados para adorar a Dios, pero me enfocaré en los instrumentos, pues ha sido tema de muchos conflictos y preguntas entre los danzores en los últimos años.
Entre estos instrumentos, los más conocidos son: el pandero, la bandera, serpentinas o *"streamers"*, el abanico, las alas, el palo, la sombrilla, la espada, entre otros; todos están descritos en los manuales de la escuela. Sin embargo, en este capítulo el enfoque no está en el significado de cada uno de estos instrumentos y herramientas, como vemos tradicionalmente en otros libros, sino que me referiré a la posición que los adoradores debemos tomar.

Libros de referencia

- La Biblia.

- Activados para Transformar, de Delki Rosso.

- Las reglas del Combate por Cindy Trimm.

- Tabernacule Prayer with Pastor Cho.

- Escuela de Entrenamiento y Activación para las Naciones, del Profeta Israel de Jesús.

- Cultivating Kingdom Creativity, de Theresa Dedman.

- Descending in War Workshop, de Chuck D. Pierce con John Dickson.

- Guía práctica de auto liberación, por la profeta y maestra Alejandra Quiroz.

- Mensajeros de Greg Miller

- Signos vitales de vida espiritual basadas en el cuestionario que de mediciones realizado por el Dr. J. Robert Clinton (Adaptaciones Frank D. Hankins Delki Rosso y Anna Jiménez)

Made in the USA
Columbia, SC
14 September 2024

41769900R00062